This journal belongs to:

_____

*I dedicate
this journal to the
man I will
marry someday.*

Date: _____

Date: _____

Date: _____

_____

_____

_____

_____

_____

_____

_____

_____

_____

_____

_____

_____

_____

Date: _____

Date: _____

Date: _____

One day
we will meet in
God's perfect
timing.

Date: _____

Date: _____

Date: _____

Date: _____

Date: _____

Date: _____

Date: _____

Date: _____

Marriage is a beautiful covenant designed by Abba.

Date: _____

Date: _____

Date: _____

Date: _____

Date: _____

Date: _____

*My beloved
is mine and
I am his.*
Song of Solomon 2:16

Date: _____

Date: _____

Date: _____

_____

_____

_____

_____

_____

_____

_____

_____

_____

_____

_____

_____

Date: _____

Date: _____

Date: _____

Date: _____

Date: _____

I will love

you faithfully.

Date: _____

Date: _____

Date: _____

Date: _____

Date: _____

Date: _____

Love bears all things, believes all things, hopes all things, endures all things.

1 Corinthians 13:7

Date: _____

Date: _____

Date: _____

Date: _____

Date: _____

Date: _____

Date: _____

Date: _____

God is preparing us for each other.

Date: _____

Date: _____

Date: _____

Date: _____

Date: _____

Date: _____

Date: _____

Date: _____

Therefore, what God has joined together, let no man separate.

Matthew 19:6

Date: _____

Date: _____

Date: _____

Date: _____

Date: _____

_____

_____

_____

_____

_____

_____

_____

_____

_____

_____

_____

_____

_____

Date: _____

Date: _____

_____

_____

_____

_____

_____

_____

_____

_____

_____

_____

_____

_____

_____

Date: _____

*A cord of
three strands
is not easily
broken.*

Ecclesiastes 4:12

Date: _____

_____

_____

_____

_____

_____

_____

_____

_____

_____

_____

_____

_____

_____

_____

Date: _____

Date: _____

Date: _____

Date: _____

Date: _____

Date: _____

Date: _____

_____

_____

_____

_____

_____

_____

_____

_____

_____

_____

_____

_____

*God knew my
heart needed you.*

Date: _____

Date: _____

Date: _____

Date: _____

Date: _____

Date: _____

Date: _____

Date: _____

*I have found
the one whom my
soul loves.*

Song of Solomon 3:4

Date: _____

Date: _____

Date: _____

_____

_____

_____

_____

_____

_____

_____

_____

_____

_____

_____

_____

_____

Date: _____

Date: _____

Date: _____

Date: _____

Date: _____

I never knew
the depths of my
love until
I found you.

Date: _____

Date: _____

_____

_____

_____

_____

_____

_____

_____

_____

_____

_____

_____

_____

Date: _____

Date: _____

Date: _____

Date: _____

We love because

He first loved us.

1 John 4:19

Date: _____

Date: _____

Date: _____

Date: _____

Date: _____

Date: _____

*I can't wait
to do life with you.*

Date: _____

Date: _____

Date: _____

Date: _____

Made in United States
Orlando, FL
02 June 2024

47463695R00075